Paulina Schmiedeberg

Machtwechsel, Amtszeitbeschränkung und Demokratie

Ein Ländervergleich in der Demokratisierungsforschung

Bibliografische Information der Deutschen Nationalbibliothek:

Die Deutsche Nationalbibliothek verzeichnet diese Publikation in der Deutschen Nationalbibliografie; detaillierte bibliografische Daten sind im Internet über http://dnb.d-nb.de abrufbar.

Impressum:

Copyright © 2017 Studylab

Ein Imprint der GRIN Verlag, Open Publishing GmbH

Druck und Bindung: Books on Demand GmbH, Norderstedt, Germany

Coverbild: GRIN | Freepik.com | Flaticon.com | ei8htz

Inhaltsverzeichnis

Abstract / Zusammenfassung

This bachelor thesis deals with the relation between political power and a regulatory instrument called term limits in executive and legislative offices. From president and mayors to senators and delegates – different countries choose their own way to limit offices to have an efficient balance of power within the separation of powers. In the following chapters there are examples of countries like the African countries and how their leaders try to avoid the regulatory instrument, Russia and the tandem between Putin and Medwedew, the USA and their strict pursuit of executive and legislative term limits and finally parlamentary democracies and the need of a limitation of their leadership. There is also a discussion about advantages and disadvantages of term limits for the citizens, political projects and the electoral accountability. But most important is the comparative effect of term limits in different countries. An analysis of different examples suggest that term limits are a necessary instrument for non consolidated democracies, while there can be unintended consequences for consolidated democracies.

1 Einleitung

Die Frage nach Macht in einem politischen System ist unumgänglich. Macht ist der zentrale Bestandteil und Antriebsmotor der Politik und so sagte bereits der berühmte Politologe Max Weber über den Beruf des Politikers: „Wer Politik treibt, erstrebt Macht". Seit Menschen denken können, ist in der Geschichte Macht mit Politik verbunden worden – angefangen mit dem antiken Griechenland und der römischen Kaiserzeit bis hin zu den Ausbrüchen der Weltkriege und der Etablierung der Großmächte im Kalten Krieg.

In einem demokratischen, politischen System sind Amtsinhaber eine Repräsentation des Volkes und tragen daher eine Verantwortlichkeit mit sich, die es zu erfüllen gilt. Aus diesem Grund erhalten Politiker für einen bestimmten Zeitraum die Möglichkeit, für ihr Land repräsentativ Aufgaben zu erfüllen, um das System intakt zu halten, das ohne politische Ordnung – wie in einem demokratischen System zum Beispiel die Gewaltenteilung – nicht funktioniert. Um diese Ordnung aufrechtzuerhalten sind gewisse reformpolitische Instrumente vorteilhaft – wenn nicht sogar notwendig – die in manchen Systemen mehr und in anderen weniger ausgeprägt eingesetzt werden. Ein Beispiel für diese reformpolitischen Instrumente sind sogenannte *term limits*, die den Zweck haben, einen politischen Amtsinhaber nur für einen gewissen Zeitraum Verantwortung tragen zu lassen. Diese Instrumente sind jedoch in vielerlei Hinsicht differenzierbar und können auf unterschiedliche Art und Weise festgelegt werden. So kann zum Beispiel die Länge der Amtszeit von Land zu Land oder die Anzahl an möglichen Perioden variieren.

In einigen – noch vor kurzer Zeit autokratisch dominierten – Ländern wird oft versucht, diese reformpolitischen Instrumente zu umgehen, in dem Politiker in hohen Ämtern, wie zum Beispiel Präsidenten, ihre kurzfristige Macht nutzen, um diese Instrumente in Form von legalen Verfassungsänderungen abzuschaffen, um damit ihre Macht langfristig auszuweiten. Hierbei besteht eine große Gefahr der demokratischen Entwicklung – wenn nicht sogar ein Rückgang zur Autokratie – da durch das erneute Aufleben von Langzeitpräsidenten ein Mangel an Rechtsstaatlichkeit, ein Mangel an der Effektivität der Gewaltenteilung, beziehungsweise der Kontrollorgane und eine Übermacht der Exekutive entsteht. Dies erfolgt vor allem bei Ländern, in welchen demokratische Werte noch nicht konsolidiert sind. In konsolidierten Demokratien ist dies hingegen eher unwahrscheinlich (Simons & Tull, 2015).

Aber auch in der Legislative zeigen sich Machtstrukturen, durch welche Parlamentarier dazu gebracht werden, sich nicht an den Interessen der Bürger/innen zu orientieren, sondern vermehrt aus Eigeninteresse oder im Sinne von Interessengruppen und politischen Parteien agieren. Dadurch werden demokratische Rechte der Bevölkerung vernachlässigt.

Term limits sind als reformpolitisches Instrument ein Teil der Demokratisierungsforschung und müssen daher in der vergleichenden Politikwissenschaft aus verschiedenen Blickwinkeln betrachtet werden, um einen möglichst genauen Eindruck der Auswirkungen auf die einzelnen politischen Systeme zu erhalten. Im Zusammenhang mit Machtwechsel wird der Fokus daher auf die nicht-konsolidierten Demokratien gelegt, während *term limits* in konsolidierten Demokratien andere Auswirkungen haben, die vielleicht nach näherer Betrachtung sogar eine Einschränkung für die Wählerschaft und andere strukturelle Nachteile mit sich bringen. Daher werden in der folgenden Arbeit die Auswirkungen von *term limits* auf die verschiedenen Länder, die diese praktizieren, analysiert, um herauszufinden, für welche Länder diese reformpolitischen Instrumente nützlich oder schädlich sind.

Aus dieser Überlegung wird folgende Schlussfolgerung gezogen: *Term limits* sind zwar in einigen Ländern ein notwendiges, reformpolitisches Instrument, um demokratische Werte zu entwickeln, zu festigen und um die Gefahr einer rückkehrenden Autokratie zu bändigen, allerdings können sie in konsolidierten Demokratien auch zu nicht vorhersehbaren Konsequenzen führen, die demokratischen Qualitäten Schaden zufügen. *Term limits* sind daher nicht für jedes demokratische, politische System das richtige Instrument, um Machtwechsel herbeizuführen.

Aus dieser These ergibt sich folgende Frage, die im weiteren Verlauf beantwortet werden soll: Sind *term limits* eine nachhaltige, reformpolitische Strategie, um die Bevölkerung vor Machtmissbrauch zu schützen und welche Auswirkungen haben *term limits* auf Machtwechsel?

In der folgenden Bachelorarbeit wird nun die Bedeutung des Machtwechsels mit dem politischen Instrument der Amtszeitbeschränkung anhand der Länderbeispiele Russland, den Vereinigten Staaten, Mexiko und den afrikanischen Staaten analysiert, während *term limits* in Bezug auf die Gewaltenteilung – der Exekutive und Legislative – verglichen werden. Es soll somit ein doppelter Vergleich zwischen verschiedenen Ländern und innerhalb eines Landes hergestellt werden. Wichtig hierbei ist, zu differenzieren, ob das jeweilige Land von einer bereits konsolidierten Demokratie handelt oder ob sich das Land derzeit im Entwicklungsprozess befindet.

Im folgenden Kapitel wird nun die Bedeutung des Machtwechsels für die Demokratie analysiert. Die Problemstellung wird noch einmal aufgegriffen, um einerseits inhaltlich an das Thema heranzuführen und andererseits Erkenntnisse über die Eigenschaften und Qualitäten einer konsolidierten Demokratie zu erhalten.

2 Die Bedeutung des Machtwechsels für die Demokratie

Ein hohes Amt in der Politik ist erstrebenswert und von vielen erwünscht, da mit dieser Funktion zwar einerseits Verantwortung, andererseits auch viel Macht einhergeht. Ein zentrales Merkmal der Demokratie ist daher der Wettbewerb um politische Ämter in der Exekutive (Lauth, 2004 54ff. in Hartmann, 2006). Das Prinzip der Herrschaft auf Zeit ermöglicht dem Volk Selbstbestimmungsrecht und Souveränität, wobei der zeitliche Aspekt umso wichtiger ist, je schwächer andere rechtsstaatliche Merkmale ausgeprägt sind, da ansonsten Politiker durch ihre langen Herrschaftsausübungen das Volk einschränken könnten (Hartmann, 2006).

Zunächst soll der Begriff „Machtwechsel" näher erläutert werden. Hier lässt sich in der Transitionsforschung die Studie aus dem Jahr 1986 *„Transitions from Authoritarian Rule. Prospects for Democracy"* in diesem Zusammenhang übersetzen als: *„Intervall zwischen zwei verschiedenen politischen Regimen" (Schmädeke, 2012 S.8).* Der Ursprung jeder Transition ist somit die Ablösung eines autoritären Regimes durch ein neues Regime. Für O´Donnell/Schmitter gibt es hierzu vier verschiedene Möglichkeiten, wie eine Transition erfolgt:

> „Erstens, die Etablierung einer neuen, anderen Form eines autoritären Regimes; zweitens, die Etablierung einer politischen Demokratie; drittens, das Entstehen einer weitläufigen gewaltsamen Konfrontation (...); oder viertens, einen Zustand der dauerhaften politischen Konfusion, in dem es zu keiner gefestigten Institutionalisierung der neuen Regeln und Zuständigkeiten zur Ausübung politischer Herrschaft sowie ständig wechselnden Machtträgern kommt" (Schmädeke, 2012 S. 9).

Wünschenswert ist das Entstehen einer politischen Demokratie, doch ebenso möglich ist, dass die Transition nicht erfolgreich abläuft und es zu einem Zustand der politischen Konfusion kommt.

In vielen – vor allem afrikanischen – Ländern gibt es Präsidenten, die ihr Amt und die damit einhergehende Stellung im politischen System nicht verlieren wollen, auch wenn die dafür vorgesehene Zeit längst abgelaufen ist. Diese Systeme sind geprägt von der – erst kürzlich stattgefundenen – Transition von einem autoritären System hin zu einem demokratischen System, das jedoch noch nicht als konsolidiert betrachtet werden kann. In diesen Fällen ist ein verfassungsbestimmter Machtwechsel durch *term limits*, der in Form von Wahlen ausgetragen wird, notwendig. Ansonsten wird das Selbstbestimmungsrecht des Volkes aufgehoben und das Prinzip der Herrschaft auf Zeit kann durch verfassungsrechtliche Änderungen, die der Präsident initiiert, um länger in seinem Amt bleiben zu können, nicht gewährleistet werden. Dadurch entsteht ein Defizit in der Demokratie. Um nicht einer Diktatur zu gleichen, in welcher zwar auch Wahlen stattfinden, die jedoch lediglich die Verbundenheit des Volkes zum Amtsinhaber ausdrücken sollen, werden in diesen Ländern *term limits* eingeführt, die diesen Machtwechsel durch Wahlen in jedem Fall hervorrufen (Schröder, 2012).

Eine konsolidierte Demokratie zeichnet sich durch bestimmte Eigenschaften aus, die in einem politischen System enthalten sind. Die Grundelemente einer gut funktionierenden Demokratie sind Volkssouveränität, Freiheit, Gleichheit und Rechtstaatlichkeit (Wissen Digital). Um diese Elemente eines demokratischen Systems zu erfüllen, muss die Macht einer Person in einem politischen Amt begrenzt bleiben, zum Beispiel durch Kontrollorgane und die ständige Möglichkeit einer

Abwahl aufgrund eines stark ausgeprägten Wettbewerbs. Daher müssen bei Wahlen verschiedene Auswahlmöglichkeiten vorausgesetzt sein, um eine Konkurrenzsituation herzustellen, die einerseits dazu führt, dass die gewählten Repräsentanten ihre Aufgaben im Sinne des Volkes ausführen und andererseits, wenn dies nicht stattfindet, einen Regierungswechsel ermöglicht (Schröder, 2012).

> „Regierungswechsel – und sei es nur innerhalb der regierenden Partei – haben positive Auswirkungen auf das politische System: Sie stärken dessen Legitimität, Stabilität und Leistungsfähigkeit" (Simons & Tull, 2015 S. 5).

Machtwechsel und die demokratiefördernden Auswirkungen von *term limits* sind mit sich vereinbar. Aus diesem Grund werden *term limits* eingesetzt, um das nötige Ziel – Machtwechsel, beziehungsweise Regierungswechsel – herbeizuführen (Heyl & Maihack, 2011). Daher können diese als reformpolitisches Instrument bezeichnet werden, die dazu beitragen, dass Demokratien konsolidiert werden. Samuel Huntington vertrat die Meinung, dass *„ein Regime erst dann als demokratisch konsolidiert anzusehen (ist), wenn die Regierungsmacht zweimal durch Wahlen an die jeweilige Opposition übergegangen ist"* *(Huntington, 1991 in Heyl & Maihack, 2011 S.5)*. Einige Demokratieforscher sehen dieses Kriterium jedoch als zu wenig aussagekräftig, wie zum Beispiel Gideon Maltz. Er ist der Meinung, dass Machtwechsel kein eindeutiges Merkmal für eine konsolidierte Demokratie darstellt. Gleichzeitig werden durch Regimewechsel allerdings gute Voraussetzungen für eine Konsolidierung geschaffen (Heyl & Maihack, 2011).

Im nächsten Kapitel wird der Begriff *term limits* erklärt, um anschließend in den verschiedenen Bereichen näher erläutert zu werden. Dabei wird unterschieden zwischen der Exekutive und der Legislative und ein Vergleich der verschiedenen Länder angestellt, die *term limits* nutzen, um Machtwechsel herbeizuführen. Hierbei muss allerdings ebenfalls erwähnt werden, dass Machtwechsel nicht das einzige Ziel von *term limits* ist, besonders in Bezug auf die Legislative werden andere Effekte erhofft.

3 Begriffserklärung *term limits*

Der Begriff *term limit* steht im deutschen für das Wort „Amtszeitbeschränkung". *Term limits* sind reformpolitische Instrumente, die den Zweck haben, dass ein bestimmtes Amt von einer jeweiligen Person nur für einen festgelegten Zeitraum vorgesehen ist. Nach Ablauf dieses Zeitraumes ist es der Person nicht mehr gestattet, sich in dieser Position zu repräsentieren. Dabei muss unterschieden werden zwischen der Dauer der Amtszeit und der Möglichkeit einer Wiederwahl (Hartmann, 2006). *Term limits* reichen bereits weit in die Vergangenheit zurück. So herrschten zum Beispiel schon im antiken Griechenland und im Kaiserreich Rom gewisse Formen der Amtszeitbeschränkung. In der Römischen Republik waren zum Beispiel einige Ämter auf einen Zeitraum von einem Jahr ausgelegt und eine weitere Amtszeit wurde nicht gestattet (Efler, 2010).

In einem demokratischen System sind Bürger/innen diejenigen, die gewissen Repräsentanten politische Aufgaben zukommen lassen, die diese stellvertretend für das Volk erfüllen. Dies erfolgt jedoch für einen begrenzten Zeitraum. *Term limits* haben somit die Funktion, das Demokratieprinzip der Herrschaft auf Zeit zu erfüllen, um Wähler/innen aufgrund der regelmäßig stattfindenden Wahlen und der Rotation in den jeweiligen Ämtern Souveränität zu gewährleisten. In diesem Kontext ist es wichtig abzuwägen, in wie fern *term limits* festgelegt werden, da eine zu kurze Amtsdauer das Risiko in sich trägt, dass die Person das Amt nicht effektiv ausüben kann, während eine zu lange Amtsdauer zu einem Machtmissbrauch führen kann (Efler, 2010).

Term limits sind von großer Wichtigkeit, da sie die Funktion der Kontrolle ausüben. Vor allem in Staaten, in welchen der eigentliche Kontrollmechanismus – die Wahlen – nicht funktionieren. Hierbei ist von präsidentiellen Systemen zu sprechen, da in parlamentarischen Systemen das Parlament die Funktion der Kontrolle übernimmt. Durch Wahlen haben Amtsinhaber eine politische Verantwortlichkeit (*electoral accountability*) gegenüber den Wählenden und müssen somit ihre Politik in die Willensrichtung derer lenken, die sie repräsentieren. In Staaten, in welchen Wahlen aus verschiedenen Gründen nicht, oder nur bedingt stattfinden, ist daher eine andere Form von effektiver Kontrolle bedeutsam, um einem Amtsinhaber nicht zu viel Macht zu gewährleisten (Simons & Tull, 2015).

Bekannt für das Ausüben von *term limits* sind die Vereinigten Staaten, die dieses reformpolitische Instrument heute sowohl in der Exekutive, als auch in der Legislative verankert haben. Im Jahr 1947 wurde durch eine Verfassungsänderung eine Amtszeitbeschränkung von zwei Perioden für den Präsidenten festgelegt (Classroom, n.d.). Während *executive term limits* – Amtszeitbeschränkungen für Staatsoberhäupter wie Präsident/innen und Premierminister/innen – bereits in vielen Staaten in Form von zwei Amtsperioden ausgeübt werden, sind *legislative term limits*, wie es zum Beispiel in Mexiko für Parlamentarier/innen vorgesehen ist, weniger bekannt. In den folgenden Kapiteln werden *executive* und *legislative term limits* näher erläutert und voneinander abgegrenzt.

4 *Term limits* in der Exekutive

Wie oben bereits erwähnt gibt es *term limits* in beiden Gewaltenteilungen. In der Exekutive kommen *term limits* meistens in präsidentiellen Demokratien vor und begrenzen somit die Amtszeit des Präsidenten. Mit exekutiven Amtszeitbeschränkungen soll die Macht des Präsidenten zeitlich eingegrenzt werden, um sicherzugehen, dass die Machtposition nicht zu Ungunsten des Volkes ausgenutzt werden kann und der Präsident sein Amt im Sinne der Bevölkerung und nicht zu seinem eigenen Zweck erfüllt.

Robert Fishman definiert den Begriff „Regime" folgendermaßen:

> „(...) as the formal and informal organisation of the center of political power, and of its relation with the broader society. A regime determines who has access to political power, and how those who are in power deal with those who are not" (Schmädeke, 2012 S.11).

Seit der dritten Demokratiewelle auf Asien und Afrika wird deutlich, dass vor allem in Demokratien, die sich derzeit noch im Entwicklungsprozess befinden, ein immer wiederkehrendes Phänomen auftritt: Einige Staatschefs nutzen verfassungsändernde Referenden, um Amtszeitbeschränkungen außer Kraft zu setzen. So können sie sich erneut zur Wahl aufstellen lassen. Dieses Phänomen gefährdet jedoch die Demokratieentwicklung der Länder und widerspricht zudem dem Grundgedanken der Demokratie, wie Samuel Huntington bereits formuliert hat:

> „Democracy does not mean that problems will be solved; it does mean that rulers can be removed" (Hartmann, 2006 S. 238)

Daher sind gerade junge Demokratien mit einem präsidentiellen System auf *executive term limits* angewiesen (Hartmann, 2006). Auf diese Problemstellung wird in dem Kapitel „Die Enthebung der Amtszeitbeschränkung in afrikanischen Staaten" noch einmal genau eingegangen und mit Beispielen untermauert.

Im Folgenden werden nun anhand der Länder Russland und den afrikanischen Staaten Beispiele aufgezeigt, wie politische Amtsinhaber in der Exekutive zu *term limits* stehen, beziehungsweise, wie sie diese versuchen zu umgehen. Als Gegenbeispiel werden die Vereinigten Staaten mit einer bereits konsolidierten Demokratie aufgezeigt und es wird erläutert, wie diese *term limits* einsetzen, um Machtausgleich innerhalb der Gewaltenteilung herzustellen. Auch das Staatsoberhaupt der Bundesrepublik Deutschland wird als Beispiel einer parlamentarischen Demokratie aufgezeigt, um die Effekte von Amtszeitbeschränkungen auch auf unterschiedliche demokratische Systeme zu erläutern. Aus dem Vergleich heraus sollte erkennbar sein, dass die unterschiedlichen Ansichten zu *term limits* aus dem Entwicklungsprozess und der Stabilität der Demokratie resultieren und welche Voraussetzungen dafür notwendig sind.

4.1 Der Machtwechsel in Russland

Term limits in der Exekutive sind meist auf zwei aufeinanderfolgende Amtszeiten beschränkt und folglich ist keine Wiederwahl mehr möglich. Eine Ausnahme stellt die Exekutive in Russland dar, in welcher der Präsident zwar nach zwei Amtszeiten abtreten muss, nach einer Unterbrechung jedoch wieder kandidieren kann. Mittels einer Verfassungsänderung im Jahr 2008 wurde somit nicht nur diese neue Regulierung der Amtszeitbeschränkung eingeführt, sondern auch die Verlängerung der Amtszeit von vier auf sechs Jahre beschlossen

(Schröder, 2012). Diese Möglichkeit, nach zwei Amtszeiten abzutreten und nach einer ausfallenden Periode erneut zu kandidieren, führt dazu, dass sich Vladimir Putin und Dmitrij Medwedew im Grunde zwischen den beiden höchsten exekutiven Ämtern – dem Präsidenten und dem Premierminister – abwechseln und somit durchgehend in einer hohen Machtposition stehen und Einfluss auf politische Entscheidungen nehmen können. Dadurch entstehen verkrustete Strukturen in der russländischen Politik, da abwechselnd die Positionen immer wieder von den gleichen Personen eingenommen werden und kein Wandel, beziehungsweise keine Entwicklung stattfinden kann. Es stellt sich somit die Frage, ob Putin und Medwedew in diesem Fall überhaupt eine politische Verantwortlichkeit gegenüber der russischen Bevölkerung tragen oder ob die Verfassungsänderung dazu genutzt wurde, sich gegenüber anderen potenziellen Amtsinhabern die bestehende Macht abzusichern (Schröder, 2012).

Der Präsident hat ohnehin in einem präsidentiellen System wie Russland eine sehr hohe Stellung und besitzt viel Macht und Einfluss. Er ist zum Beispiel laut Verfassung der Oberbefehlshaber der Streitkräfte, er repräsentiert das Land nach außen und lenkt die Außenpolitik; Die Geheim- und Sicherheitsdienste hören auf die Befehle des Präsidenten und zuletzt ernennt sowie entlässt er den Regierungschef, Minister und Gouverneure (Rahr, 2008).

Unter der Politik Putins wurden von 2000 bis 2008 einige Reformen im russländischen, politischen System durchgeführt, die dem Präsidenten Vorteile verschafften. Ein Beispiel hierfür ist die Verschärfung des Parteiengesetzes, das die Chancen der Oppositionsparteien marginalisierte. Es wurde eine Sperrklausel von sieben Prozent eingeführt und eine Partei konnte nur dann bestehen, wenn sie mindestens 50.000

Mitglieder nachweisen konnte. Ebenso wurden die Medien größtenteils unter die Administration des Kremls genommen und konnten somit die Meinungen in der Bevölkerung beeinflussen. Weitere Faktoren waren verstärkte Dialoge mit einflussreichen Unternehmen und anderen Geldgebern und eine Schwächung der Regionen, welche die Stellung des Präsidenten stärkten und ermöglichten, dass dieser seine Macht so weit wie möglich ausbauen konnte (Schröder, 2012).

Die Tandem-Politik unter Putin und Medwedew ist von ihnen selbst erschaffen worden und lenkt die Politik Russlands in die Richtung, dass beide politische Amtsinhaber ihre Macht weiterhin behalten und ausbauen können. Oppositionen haben hier wenige Chancen und die Bevölkerung wird stark beeinflusst, auch wenn sowohl Putin als auch Medwedew hohe Beliebtheitswerte genießen. Diese sind jedoch medial beeinflusst und können daher keine klare Aussage über die tatsächliche Beliebtheit treffen. Ist die Bevölkerung in Russland überhaupt in der Lage, einen verfassungsrechtlichen Regierungswechsel herbeizuführen? Im Falle Russlands ist es fraglich, ob diese neue Form der Amtszeitbeschränkung nachhaltig und demokratieförderlich ist, oder eine Umgehung der eigentlichen Funktion – der Machtbeschränkung – mit sich bringt.

4.2 Die Enthebung der Amtszeitbeschränkung in afrikanischen Staaten

Im Zuge des – im 20. Jahrhundert stattgefundenen – Systemwechsels von Autokratie hin zu Demokratie sind vor allem Entwicklungsländer, wie die meisten afrikanischen Staaten, Teil einer Demokratisierungswelle geworden, die sich vor allem seit der Mitte der 1990er Jahre in der Transition befanden. Begonnen mit Protesten gegen politische Amtsinhaber und der Forderung nach Mehrparteiensystemen, statt den zuvor dominierenden militärischen oder zivilen Einparteiensystemen und der Forderung nach ausgeprägten Freiheitsrechten, entstand gegen Ende des 20. Jahrhunderts eine Bewegung hin zu einem Demokratisierungsprozess. Dieser führte dazu, dass zwischen September 1990 und Juni 1991 neun afrikanische Staatschefs ihres Amtes enthoben wurden (Schmidt, 1994).

Auch im Nahen und Mittleren Osten hat der sogenannte arabische Frühling zu einigen Regimewechseln geführt. So kam es zu Vorfällen wie zum Beispiel in Tunesien als sich *„am 17. Dezember 2010 der 26-jährige Obst- und Gemüsehändler Mohamed Bouazizi vor dem Gouverneurssitz von Sidi Bouzid mit Benzin (übergossen) und angezündet (...)"* *(Schmädeke, 2012 S.1)* hat. Kurz daraufhin entstanden Massendemonstrationen und am 14. Januar kam es schlussendlich zum Sturz des Amtsinhabers Ben Ali. Wie eine Welle übertrug sich dieser Konflikt auch auf andere Staaten im Nahen und Mittleren Osten und wiederholte sich in Ägypten, was zum Rücktritt Mubaraks und zur Installierung einer militärischen Übergangsregierung führte (Schmädeke, 2012).

Die Entwicklung weg von autokratischen Systemen hin zu demokratischen Systemen im Zusammenhang mit der Unzufriedenheit der Bevölkerung gegenüber den Staatschefs, trägt viel dazu bei, dass sich in Afrika der Gedanke von Langzeitpräsidenten negativ in der Gesellschaft verankert hat und somit in 32 von 38 Verfassungen Amtszeitbeschränkungen von zwei Perioden eingeführt wurden (Posner und Young 2007 in Heyl & Maihack, 2011).

In vielen dieser Länder gibt es bis heute jedoch Bestrebungen, diese Mandatsbeschränkungen mittels Verfassungsänderung aufzuheben, um länger an der Macht zu bleiben. Dabei sind gerade in Staaten, in welchen die Kontrollmechanismen – wie Wahlen, Opposition und Parlament – nicht stark und effektiv genug sind, abhängig von einem, in der Verfassung festgelegten Kontrollinstrument, welches einen politischen Amtsinhaber nach zwei Perioden durch einen Neuen ersetzt.

Zwar sind gerade afrikanische Staaten südlich der Sahara erst spät in den 1990er Jahren, auch aufgrund der schwierigen Geschichte, der (De)-Kolonialisierung und der starken Differenzen aufgrund der großen Spalte zwischen Arm und Reich, in den Demokratisierungsprozess miteingestiegen; Dennoch zeigt sich, dass Langzeitpräsidenten verheerende Konsequenzen wie Korruption, eine schlechte, beziehungsweise langsame wirtschaftliche Entwicklung, Autoritarismus und strukturelle Instabilität mit sich bringen. Länderbeispiele dafür sind Eritrea, Gambia, Kamerun, Tschad und Uganda (Simons & Tull, 2015).

Dennoch sollten trotz der Schwierigkeiten – resultierend aus der Vergangenheit und möglicherweise auch bedingt durch die fehlende Entwicklung und dem Mangel an Erfahrung – politische Instrumente eingesetzt werden, die Präsidenten die Möglichkeit einer Amtszeiterweiterung verweigern.

In Burkina Faso sollte am 28. Oktober 2014 das Parlament über einen Vorschlag der Regierung abstimmen, in welchem durch eine Verfassungsänderung die Lockerung der Amtszeitbeschränkung für den Präsidenten vorgesehen sein sollte. Blaise Compaoré, der bereits seit 27 Jahren das regierende Staatsoberhaupt Burkina Fasos ist, wäre durch diese Verfassungsänderung bei den Präsidentschaftswahlen im November 2015 erneut in der Lage gewesen, zu kandidieren. Da die Partei von Blaise Compaoré mit seinen Verbündeten im Parlament über einen Großteil der Stimmen verfügte, galt diese Verfassungsänderung als sicher. In der Öffentlichkeit konnte jedoch keine Zustimmung für diese Verfassungsänderung erreicht werden und so folgten Massenproteste und die Erstürmung des Parlaments durch Demonstranten. Diese erreichten die Verhinderung dieser Abstimmung. Die Armee schritt ein und brachte den Präsidenten zum Rücktritt. Burkina Faso ist nur ein Beispiel für eines von vielen anderen Ländern dieser Region, in welchen Präsidenten versuchen, eine dritte Amtszeit für sich zu ermöglichen. Darüber sind sich Zivilgesellschaft und Opposition im Klaren. Die Sorge um eine personalisierte Herrschaft und die Rückkehr zur Autokratie, in der der Präsident größtmögliche Macht besitzt, ist in vielen afrikanischen Ländern ein zentrales Thema in den Debatten um *executive term limits* (Simons & Tull, 2015).

Durch dieses Beispiel wird deutlich, dass die erstrebte Machtausweitung durch die Aufhebung der *executive term limits* nur ein Akt des Amtsinhabers sein kann, der direkt davon betroffen ist. Dem gegenüber stehen allerdings die Zivilgesellschaft und Opposition, welche sich den Konsequenzen bewusst sind und daher direkt gegen Verfassungsänderungen plädieren – oft auch erfolgreich.

Demgegenüber gibt es aber auch Länder wie Mali. Hier strebte zum Beispiel der Präsident Amadou Toumani Touré nach dem Ende seiner zweiten Amtszeit im Jahr 2012 keine weitere Periode an. Dabei galt dieser als Verantwortlicher für die demokratische Transition Malis und etablierte sich somit als Repräsentant der Bevölkerung (Heyl & Maihack, 2011).

In der folgenden Tabelle von Claudia Simons und Denis M. Tull lässt sich eine Übersicht über einige afrikanische Länder mit Amtszeitbeschränkungen und dem Versuch, eine Amtszeitbeschränkung aufzuheben, darstellen. Hierbei wird deutlich, dass bereits in den 1990er Jahren mit Erfolg eine Amtszeitbeschränkung in Burkina Faso und Namibia aufgehoben werden konnte. Erfolglose Bestrebungen gab es unter anderem in Benin, Nigeria und 2014 auch in Burkina Faso unter dem gleichen Präsidenten, der zuvor 1997 mit Erfolg eine weitere Periode in seinem Amt bleiben konnte. Derzeitige Bestrebungen gibt es in Benin unter Präsident Yayi Boni, der 2013 scheiterte – außerdem in Burundi, im Kongo, in Ruanda und in Sierra Leone (Simons & Tull, 2015).

Sicherlich gibt es auch Länder in Afrika südlich der Sahara, in welchen Präsidenten nach zwei Amtsperioden keine weiteren Bestrebungen anstellen, um weiterhin im Amt zu bleiben. So verzichtete der Präsident aus Mosambik Armando Guebuza im Jahr 2014 auf weitere Bestrebungen seine Amtszeit zu erweitern.

Term limits sind in afrikanischen Staaten ein wichtiges reformpolitisches Instrument, welches durch keine Verfassungsänderung zu einer Aufhebung, beziehungsweise Lockerung verändert werden sollte – zumindest nicht, solange sich die einzelnen Demokratien im Entwicklungsprozess befinden oder andere Defizite aufweisen. Hier steht erneut die Wichtigkeit der Konsolidierung im Vordergrund, die es erst ermöglicht, über potenzielle Alternativen nachzudenken. Allein die Möglichkeit der Präsidenten, diese aufzuheben, zeigt, welche Macht ihm dabei zusteht. Allerdings muss hinzugefügt werden, dass die Machtbestrebungen oft auf den Charakter der Führungsperson zurückgehen und daher nicht auf das gesamte Regime zurückzuführen sind. Dennoch spricht es nicht für den Demokratisierungsfortschritt eines Landes, wenn autokratische Bestrebungen ein zentraler Teil der Diskussionen sind.

Länder Subsahara-Afrikas mit (politisch relevanten) Amtszeitbeschränkungen

Es wurde / wird versucht, die Mandatsbeschränkung aufzuheben			Es gab bei Erreichen der maximalen Amtszeit keinen Versuch, die Beschränkung aufzuheben[a]
Mit Erfolg	Versuch ohne Erfolg	Derzeitiger bzw. zu erwartender Versuch	
Burkina-Faso (Blaise Compaoré 1997)	Benin (Yayi Boni 2013)	Benin (Yayi Boni)	Benin (Mathieu Kérékou, 2006)
Gabun (Omar Bongo 2003)	Burkina Faso (Blaise Compaoré 2014)	Burundi (Pierre Nkurunziza)	Botswana (Festus Mogae 2008)
Guinea (Lansana Conté 2001)	Burundi (Pierre Nkurunziza 2014)	DR Kongo (Joseph Kabila)	Ghana (John Kufuor 2008; Jerry Rawlings 2001)
Kamerun (Paul Biya 2008)	Malawi (Bakili Muluzi 2002)	Republik Kongo (Denis Sassou-Nguesso)	Kenia (Daniel arap Moi 2002)
Namibia (Sam Nujoma 1999)	Nigeria (Olusegun Obasanjo 2006)	Ruanda (Paul Kagame)	Mali (Alpha Konaré 2002)
Niger (Mamadou Tandja 2009)	Sambia (Frederick Chiluba 2001)	Sierra Leone (Ernest Bai Koroma)	Mauritius (Anerood Jugnauth 2012)
Togo (Gnassingbe Eyadema 2002)			Mosambik (Armando Guebuza 2014)[b]
Tschad (Idriss Déby 2005)			Senegal (Abdoulaye Wade 2012)[c]
Uganda (Yoweri Museveni 2005)			Südafrika (Thabo Mbeki 2008)
			Tansania (Benjamin Mkapa 2005)

Das nächste Kapitel befasst sich mit den *executive term limits* der Vereinigten Staaten – dem Land, in welchem sowohl legislative, als auch exekutive Amtszeitbeschränkungen eingeführt wurden und mit überwiegender Zustimmung befolgt werden. Im Fokus steht hierbei der geschichtliche Hintergrund.

4.3 Der Präsident der Vereinigten Staaten

Eine der derzeit am meisten diskutierten Angelegenheiten der amerikanischen Politik sind *term limits* (Basham, 2001 in Herron & Shotts 2006). In den Vereinigten Staaten ist das Präsidentenamt auf zwei Perioden à vier Jahre beschränkt, welche direkt aufeinanderfolgen, sollte der Präsident ein zweites Mal seine Kandidatur gewinnen. Eine Wiederwahl nach zwei Amtsperioden ist in den USA nicht möglich.

Rückblickend greift die USA auf eine lange Tradition von *term limits* zurück. Erste Befürworter von *term limits* waren unter anderem Thomas Jefferson, der sagte: *"to prevent every danger which might arise to American freedom by continuing too long in office...." (Efler, 2010 S. 2)* oder Benjamin Franklin. Sie konnten dieses politische Instrument jedoch nicht in der US-Verfassung verankern. Dennoch entstand in den Vereinigten Staaten eine Art der freiwilligen *executive term limits*, durch welche die Präsidenten fortan bis zu Franklin D. Roosevelt maximal zwei Perioden im Amt weilten. Roosevelt stellte eine Ausnahme dar – bedingt durch die damaligen Umstände des zweiten Weltkrieges – und wurde trotz seiner gesundheitlichen Probleme vier Mal zum Präsidenten gewählt (Efler, 2010). Kurz nach seiner vierten Wiederwahl verstarb er. Es folgte im Jahr 1947 eine Verfassungsänderung in den USA – mit einer Mehrzahl der Republikaner im Kongress – in der die offizielle Amtszeitbeschränkung der Präsidenten auf zwei Perioden durchgesetzt wurde – bekannt unter *the 22nd Amendment* (Zimmermann, 2013). Der Inhalt dieser Verfassungsänderung lautet wie folgt:

> „No person shall be elected to the office of the President more than twice, and no person who has held the office of President, or acted as President, for more than two years of a term to which some other person was elected President shall be elected to the office of President more than once" (Classroom, n.d. S.1).

Franklin D. Roosevelt ist ein bekanntes Beispiel dafür, dass das Volk – wenn der Präsident gute Arbeit leistet – gewillt ist, ihn für längere Zeit im Amt zu behalten. Eine grundlegende Frage in der Debatte um *term limits* ist daher, ob diese die Bevölkerung in ihrer Willensfreiheit einschränken. Wenn die Bevölkerung einen Präsidenten länger als zwei Perioden im Amt halten möchte, ist dies aufgrund einer – in der

Verfassung verankerten – Regulierung nicht möglich. Diese und weitere Überlegungen werden im späteren Verlauf unter dem Kapitel „Vor- und Nachteile von *term limits*" näher in Betracht gezogen.

Im Folgenden soll nun thematisiert werden, in wie fern das Staatsoberhaupt in parlamentarischen Demokratien, wie zum Beispiel die Bundeskanzlerin Deutschlands Angela Merkel durch *term limits* in ihrer Macht eingeschränkt werden sollte.

4.4 Staatsoberhaupt in parlamentarischen Demokratien

Erst vor kurzem wurde in den Medien thematisiert, dass Angela Merkel sich zum vierten Mal für das Kanzleramt aufstellen lassen möchte. Auch ihre Vorgänger Konrad Adenauer und Helmut Kohl waren jeweils 14 beziehungsweise 16 Jahre Bundeskanzler in Deutschland (Spiegel, 2016).

Daraufhin entstanden Debatten über die mögliche Einführung von Amtszeitbeschränkungen für den deutschen Bundestag (Schneider, 2017).

Während in Deutschland der Bundespräsident eine Amtszeitbeschränkung von zwei Perioden hat, kann die Bundeskanzlerin beliebig oft wiedergewählt werden. Dabei hat der Bundespräsident keine exekutiven Funktionen, während die Kanzlerin die eigentliche Exekutivfunktion übernimmt, ähnlich wie der Präsident in präsidentiellen Systemen.

Die Unterscheidung des jeweiligen Regierungssystems ist im Zusammenhang mit *term limits* insofern wichtig, als dass in einem parlamentarischen Regierungssystem, Regierungen jederzeit vom Parlament abgewählt werden können, wodurch keine festen Amtszeiten nötig sind, da hier das Parlament als Kontrollorgan fungiert (Hartmann

2006). Die Bundeskanzlerin wird in ihren Entscheidungen somit vom Parlament kontrolliert und kann jederzeit abgewählt werden.

> „Im verfassungsrechtlichen Diskurs ist das Argument gegen eine Amtszeitbeschränkung dieser Regierungschefs in der Regel, dass sie schließlich von einem Parlament gewählt, kontrolliert und im Zweifel auch wieder abgewählt werden können" (Schneider, 2017 S.1).

Hierbei spielt ebenso das Misstrauensvotum eine große Rolle, denn wenn das Parlament der Regierung oder einzelnen Regierungsmitgliedern gegenüber Misstrauen ausspricht, müssen diese zurücktreten. Die Kontrolle wird hiermit vollständig vom Parlament ausgeübt und es bedarf daher keinen politischen Instrumenten, die diese regulieren (Schneider & Toyka-Seid, 2017). Dies ist ein klassisches Merkmal eines parlamentarischen Regierungssystems: Da der Bundeskanzler durch das Misstrauensvotum abberufen werden kann, ist er von dem Vertrauen des Parlaments abhängig und wird dadurch in seiner Macht eingeschränkt (Schmidt, 2010 in Strebel, 2014). Die Bundesregierung in Deutschland braucht eine parlamentarische Mehrheit, um über eine längere Periode zu regieren (Strebel, 2014). Ein Machtmissbrauch ist hierbei somit kaum möglich.

Andere Meinungen sind wiederrum, dass die parlamentarische Kontrolle sogar weniger vorhanden ist als in präsidentiellen Systemen, da Exekutive und Parteien meist eng miteinander verbunden sind (Schneider, 2017). So ist die Bundeskanzlerin Angela Merkel zum Beispiel auch Parteivorsitz der stärksten Partei Deutschlands – der CDU (Spiegel, 2016).

Dennoch ist die Debatte um *term limits* in parlamentarischen Systemen weit weniger notwendig, vor allem da es am Beispiel Deutschlands von einer konsolidierten Demokratie handelt, in der sich Exekutive und Legislative sowohl kontrollieren, als auch zusammenarbeiten.

Das fünfte Kapitel beschäftigt sich mit *legislative term limits* und setzt sich mit den Zielen dieser Einführung auf gesetzgebender Ebene auseinander.

5 *Term limits* in der Legislative

Nach näherer Erläuterung der *executive term limits* stellt sich nun die Frage nach *legislative term limits* und deren Bedeutung und Wirkung auf politische Systeme. Hierbei handelt es sich um Amtszeitbeschränkungen für Abgeordnete und andere Amtsinhaber der Legislative, welche nach einer bestimmten Festlegung von Amtsperioden aus dem Parlament ausscheiden müssen. Diese hätten natürlich weit andere Auswirkungen, als die Beschränkung des Präsidenten, dennoch ist ein Vergleich dieser beiden Formen von *term limits* sehr aufschlussreich (Grofman, 1996).

Ein Beispiel für *legislative term limits* sind die Vereinigten Staaten, da diese bereits in 15 Staaten *term limits* eingeführt haben und Bestrebungen ebenfalls auf Bundesebene vorhanden sind (Chan, 2008).

Doch welche Ziele stecken hinter den Bestrebungen einer Amtszeitbeschränkung auf legislativer Ebene? Abgeordnete sollen zum einen keine politische Karriere anstreben, sondern im Sinne des Volkes im Parlament ihre Stimme abgeben. Des Weiteren soll ein reger Wechsel im Parlament zu mehr Lebendigkeit und Vitalität in politischen Entscheidungen führen und starre Strukturen sollen aufgebrochen werden, um sie durch neue, junge zu ersetzen. Auch der starke Einfluss von Interessengruppen auf Politiker/innen soll durch legislative *term limits* verringert werden (Greenberg, n.d.).

Es stellt sich jedoch die Frage, wie Parlamentarier ihre politischen Entscheidungen treffen, wenn sie nicht daran gebunden sind, sich beliebt bei der Bevölkerung zu machen. Anhand zweier Länderbeispiele – Mexiko, welche legislative *term limits* bereits auf Bundesebene eingeführt haben und die Vereinigten Staaten, welche bislang nur *legislative term limits* auf Staaten-Ebene haben – sollen nun *legislative term limits* näher in Betracht gezogen werden.

5.1 Die Legislative in Mexiko

Um näher die Macht in der Legislative zu erläutern, soll nun zunächst am Länderbeispiel Mexiko aufgezeigt werden, wie *term limits* in der Legislative funktionieren. Die *term limits* Debatte entstand schon sehr früh im 20. Jahrhundert – angetrieben von der Mexikanischen Revolution – und ein vollständiges Verbot der Wiederwahl wurde 1933 festgelegt. Seitdem gilt in Mexiko das Prinzip von einer Periode für jegliches politische Amt in der Exekutive und als Besonderheit auch in der Legislative (VanDusky-Allen, 2014). Der Begriff „*no re-election*" ist in Mexiko eine Art „Zauberformel" und wurde geprägt von der Verbindung zwischen präsidentiellem Absolutismus und Demokratie, die sich zu Beginn der Verfassung vom 05. Februar 1917 verankerte, da sich ein stark zentralistischer Charakter durch die große Macht des Präsidenten hervorgehoben hat. *No re-election* gilt auch für Abgeordnete und Senatoren, die für jeweils drei beziehungsweise sechs Jahre in das Amt gewählt werden (Zürn, 1965).

Mittlerweile gibt es Veränderungen im Parlament dahingehend, dass Parlamentarier vier aufeinanderfolgende Perioden im Amt bleiben dürfen und auch Senatoren, sowie Abgeordnete nun zwei aufeinanderfolgende Perioden von jeweils sechs Jahren im Amt bleiben können (Agren, 2014).

Die Bestrebungen, die Amtszeitbeschränkungen aufzulockern, zeigen, dass es durchaus auch ein Vorteil sein kann, reformpolitische Instrumente wie diese nicht zu streng einzusetzen. Während das eine Extrem – keine Amtszeitbeschränkung – dazu führen kann, dass strukturelle

Probleme entstehen, wie zum Beispiel verkrustete Strukturen und Karriere-Politiker, so kann das andere Extrem – *no re-election* – ebenso strukturelle Probleme mit sich bringen, wie zum Beispiel ein entstehendes Chaos durch mangelnde Erfahrung (Karp, 1995).

In den 1940er Jahren etablierte sich die Partei PRI (Partido Revolucionario Institucional), welche bis heute eine bedeutsame Rolle im mexikanischen System hat. Aufgrund hoher Korruption, stark ungleichen Einkommensverhältnissen und weiteren sozialen Problemen, haben sich in den 1980er Jahren jedoch vermehrt oppositionelle Parteien gebildet, wie zum Beispiel die PAN (Partido Acción Nacional). Die lang andauernde Ein-Parteien-Regierung der Partido Revolucionario Institucional und die Übermacht des Präsidenten, der nach seiner Amtsperiode einen Wunschnachfolger äußern kann, der in den meisten Fällen auch gewählt wird, führt dazu, dass Mexiko als autoritäres politisches System bezeichnet wird (Braig, 2008).

Mexiko kann somit nicht mit bereits konsolidierten Demokratien gleichgestellt werden, da es lange Zeit nur die PRI gab, die sowohl Präsidenten, als auch Abgeordnete und Senatoren stellte (Zürn, 1965). Im Jahr 2000 kam es zum ersten Präsidenten aus der Oppositionspartei PAN – Vincente Fox – und somit zu einem Machtwechsel.

Wie Marianne Braig in einem Schlusssatz ihrer Arbeit formuliert:

> „Die Transition zu einer rechtsstaatlichen Demokratie steht Mexiko erst noch bevor; sie ist auch nach der Zurückdrängung der PRI-Vorherrschaft nicht einfacher geworden" (Braig, 2008 S.2)

Daraus lässt sich schließen, dass sich Mexiko derzeit noch im Demokratisierungsprozess befindet. Nach der 71 Jahre langanhaltenden Macht der PRI regiert nun die Opposition, wodurch sich Mexiko hin

zu einer offeneren und transparenteren Demokratie entwickelt (Benavides et al., 2013).

Dennoch muss sich Mexiko klar mit strukturellen Problemen ausei-
nandersetzen, die durch die lange Ein-Parteien-Herrschaft und der
Korruption heraus resultieren. Neben den afrikanischen Staaten befinden sich somit auch einige Länder in Lateinamerika noch in einem
Transformationsprozess und sind mit alten Verhaltensweisen behaftet,
die stark an das ehemalige autokratische System zurückerinnern. Aus
diesen Verhaltensweisen gilt es auszubrechen und sich demokratisch
zu reformieren.

Nun stellt sich jedoch die Frage, welche Auswirkungen die *legislative
term limits* auf die derzeitige Politik in Mexiko haben:

Der Einfluss der politischen Parteien hat dazu geführt, dass Politiker
in Mexiko eher den Wünschen der Partei und nicht denen der Bevölkerung folgen. Sie sorgen sich daher schon zu Beginn ihres Amtes um
die folgende Periode und welche Funktion sie dabei ausüben werden.
Einige Politiker wechseln somit nach ihrem legislativen Amt in ein
anderes – von der Partei bereitgestellt – und können sich nicht auf ein
bestimmtes Fachgebiet spezialisieren. Daher werden selten längerfris-
tige Projekte in die Tat umgesetzt. Die Politiker konzentrieren sich e-
her auf ihre zukünftige Karriere, als auf die momentane Aufgabe.
Hinzu entsteht ein Mangel an Kompetenz und Erfahrung. Dies bestätigt sich in folgendem Zitat:

> „The practical effect of this arrangement on local elected officials
> is to govern for the short run. Thus roads are paved and bridges
> constructed (a tangible sign of success in office), but the long-
> term administrative reforms such as instituting a performance
> measurement system or creating a real civil service system for

employees are generally neglected" (Benavides et al., 2013 S. 621).

Die *electoral accountability* herrscht gegenüber Spitzenpositionen der Partei und nicht gegenüber Bürger/innen (VanDusky-Allen, 2014).

Für die Demokratieentwicklung Mexikos ist die streng gehaltene Form von *term limits* hierbei möglicherweise etwas zu kurzgehalten, da eine so kurze Amtszeit es den meisten Politikern nicht ermöglicht, langfristige, nachhaltige und strukturelle Veränderungen zu bewirken.

Auch die geringe Bürgerbeteiligung ist ein Faktor, der dazu führt, dass ein reformpolitisches Instrument, wie die *legislative term limits,* von Vorteil sind, bedingt durch die hohe Korruption und das fehlende Vertrauen der Bevölkerung in die Politik. Es herrscht eine Atmosphäre des Misstrauens und der Hoffnungslosigkeit, dass die mexikanische Regierung etwas für die Bevölkerung tun kann. *Term limits* dienen hierbei als Absicherung, der Politik nicht zu viel Macht gegenüber den Bürger/innen zuzuschreiben (Benavides et al., 2013).

Mexiko ist ein klares Beispiel für *term limits* jeder Art. So gibt es diese in allen Ämtern: Von Präsidenten, über andere exekutive Ämter, wie Bürgermeister und Gouverneure und schlussendlich auch Abgeordnete (Agren, 2014).

Aber vor allem *legislative term limits* stehen im Vordergrund, weil hier eindeutig zu erkennen ist, dass diese eher demokratischen, reformpolitischen Entwicklungen schaden, als dass sie diese vorantreiben. So können Parlamentarier kaum strukturelle Projekte für Wirtschaft, Umwelt und Soziales durchbringen, die langfristige Zeit und einen hohen Grad an Kompetenz und Erfahrung in Anspruch nehmen.

Die zu kurzgehaltenen Perioden ohne Möglichkeit auf Wiederwahl führen zu einer chaotischen Politik ohne Chance auf nachhaltige Entwicklung. Qualitative Veränderungen der Institutionen in Mexiko sind somit nicht zu erwarten. Eine Erweiterung der *legislative term limits* für Abgeordnete und Senatoren ist nötig, um langfristige Projekte umsetzen zu können, die der Bevölkerung zu Gute kommen und dazu führen, dass die Demokratie nach und nach konsolidiert wird.

Im nächsten Kapitel werden nun *legislative term limits* in den Vereinigten Staaten vorgestellt basierend darauf, dass diese auch auf Bundesebene eingeführt werden sollen.

5.2 *Term limits* in der Legislative der Vereinigten Staaten

Neben Mexiko haben nun auch die Vereinigte Staaten Bestrebungen, *legislative term limits* für den Kongress auf Bundesebene einzuführen. Die ersten Bestrebungen auf Bundesebene erfolgten von Seiten der Republikaner. Hierzu benötigten sie allerdings eine Zwei-Drittel-Mehrheit, um eine Änderung in der Verfassung zu ermöglichen. Dieses Vorhaben scheiterte an den Demokraten, die sich dieser Meinung nicht angeschlossen haben (Efler, 2010).

Im Jahr 1990 begannen Initiativen für *legislative term limits* auf Staaten-Ebene in Kalifornien, Colorado und Oklahoma. Die unterschiedlichen *term limits* Initiativen 1990, 1992 und 1993 variierten zwischen der Länge der Perioden und anderen Arten der Beschränkung (Grofman, 1996).

„In Oklahoma the limit was a total of 12 years service in either branch of the legislature. In California there was a limit of three terms of service in the Assembly (six years) and two terms of service in the State Senate (eight years). In Colorado, a term limit of four terms (eight years) was imposed on members of the lower house and a term limits of two terms (eight years) was imposed on members of the upper chamber" (Grofman 1996, S.1).

Diese Beschränkungen veränderten sich in den einzelnen Staaten über die Jahre hinweg, ebenso wie auch in anderen Staaten der USA Entwicklungen dieser Art stattfanden.

In der Bevölkerung der Vereinigten Staaten gibt es eine allgemeine Zustimmung für *legislative term limits*. Schon mit dem *„US-term limits movement"*, der Bewegung von Seiten der Bevölkerung, hat sich eine klare Unterstützung und Befürwortung für *legislative term limits* etabliert, die bis heute anhält und weiterverfolgt wird. Gründe für die Unterstützung waren unter anderem der Wunsch nach einer Verkleinerung der Regierung, der Gedanke, dass *legislative term limits* die Legislative und Parteien stärken und auch die Vorstellung, dass Bürger/innen zu Parlamentariern werden und als Repräsentanten des Volkes arbeiten (Grofman, 1996).

Ebenso basierte die Unterstützung der Bevölkerung unter anderem auf Unzufriedenheit und Misstrauen gegenüber dem Kongress – der Institution auf Bundesebene. Die Unterstützung von *legislative term limits* diente hierbei möglicherweise auch als Symbol, sich nicht alles gefallen zu lassen und die Macht der Bevölkerung zu demonstrieren. Des Weiteren kann die Bevölkerung so den Charakter der Repräsentation verändern, wenn die Repräsentanten in ihrer Machtausübung immer weiter eingeschränkt werden (Karp, 1995).

Die zweite Annahme ist die Unzufriedenheit mit dem gesamten politischen System, geprägt durch eine allgemeine Politikverdrossenheit, was wiederrum zu einem starken Misstrauen führt, wie Miller in seiner Arbeit formuliert:

> „such feelings of powerlessness and normlessness are very likely to be accompanied by hostility toward political and social leaders, the institutions of government, and the regime as a whole" (Miller p. 951 in Karp, 1995 S. 376).

Auch die Annahme des Eigeninteresses der Bevölkerung wird von Jeffrey A. Karp thematisiert. Einige Gruppen profitieren von *legislative term limits,* wie zum Beispiel Frauen, die dadurch zu einer stärkeren Repräsentation im Kongress gelangen würden (Karp, 1995).

Anstelle der derzeitigen Strukturen, in welchen Senatoren über Jahrzehnte hinweg in ihrem Amt bleiben, würde eine ausgeprägte Rotation der Ämter im Kongress dazu führen, dass Frauen bessere Chancen haben, ein Amt zu erhalten. Dadurch entsteht eine bessere Vertretung aller Interessen im Kongress, eine stärkere Differenzierung von Geschlechtern und eine mögliche Verschiebung der politischen Projekte durch neue Ideen und Vorstellungen.

Die letzte Annahme von Jeffrey A. Karp bezieht sich auf Ideologie. Demnach sollen Politiker keine Karriere verfolgen, da durch – die von ihnen verfolgten, meist unnötigen - Projekte große Defizite entstehen (Karp, 1995).

Bedeutsam ist vor allem das Argument der politischen Karriere. Sowohl Befürworter, als auch Gegner von *legislative term limits* sind sich einig, dass eine Begrenzung der Amtszeit in den USA dazu führt, dass weniger politische Karrieren angestrebt werden und mehr nicht-karriere-orientierte Persönlichkeiten ein Amt in der Legislative anstreben. Attraktiv könnten legislative Ämter auch für von unterschiedlichsten

Hintergründen und Ambitionen geprägte Bürger/innen werden, wodurch sich die Legislative stärker auf die Wünsche der Bevölkerung konzentriert (Carey et al., 1998).

Vergleicht man Staaten mit und ohne *legislative term limits*, so wird laut Carey et. al deutlich, dass sich keine signifikanten Unterschiede zwischen den Berufshintergründen, der Bildung, dem Einkommen und den Ideologien der Gesetzgeber aufzeigen lassen. Es stellt sich somit die Frage, in wie weit *legislative term limits* überhaupt effektiv sind. Allerdings konzentrieren sich Gesetzgeber in Staaten mit *legislative term limits* mehr auf Aktivitäten, die dem Gemeinwohl dienen (Carey et al., 1998).

Die Begrenzung der Macht ist in der amerikanischen Denkweise ein selbstverständliches Merkmal der Demokratie. Daher können die Vereinigten Staaten als konsolidierte Demokratie bezeichnet werden. *Legislative term limits* dienen hierbei als Kontrollinstrument der Bevölkerung, um den politischen Amtsinhabern nicht zu viel Macht zu gewährleisten und sie einzudämmen, wenn die Macht zu Gunsten der politischen Individuen ausgenutzt wird, wie zum Beispiel in Form einer politischen Karriere oder anderen Zukunftsmöglichkeiten.

Das nächste Kapitel beschäftigt sich nun mit den Vor- und Nachteilen von *term limits*. Hierbei werden bereits erwähnte Argumente nochmals aufgegriffen und in Zusammenhang gesetzt, um sich ein allgemeines Bild von den Möglichkeiten und Gefahren von *term limits* zu machen. Zunächst folgen Vor- und Nachteile von *executive term limits* und anschließend Vor- und Nachteile von *legislative term limits*.

6 Vor- und Nachteile von *term limits*

Da nun einige Länder vorgestellt wurden, in welchen unterschiedliche *term limits* in der Verfassung verankert sind, sollen nun anhand dieser Vor- und Nachteile erörtert werden.

Befürworter von *executive term limits* argumentieren, dass lange Amtszeiten Einzelpersonen eine sukzessive Machtanhäufung und den Aufbau von großen Netzwerken ermöglichen. Erst durch einen Machtwechsel – in Form von Amtszeitbeschränkungen – können diese Netzwerke zumindest zeitweilig zerstört werden und Regierungsabläufe können transparenter und somit demokratischer gestaltet werden.

Des Weiteren führt die reale Möglichkeit eines Machtwechsels zu einer Steigerung der Motivation demokratischen Handelns. Politiker setzen sich zum Beispiel stärker für eine unabhängige Justiz ein, wenn die Möglichkeit besteht, dass sie in der folgenden Periode der Opposition angehören (Ramseyer, 1994 in Heyl & Maihack 2011).

Auf der Gegnerseite wird argumentiert, dass durch einen institutionell verankerten Machtwechsel der Bevölkerung das Recht genommen wird, den gewünschten Präsidenten ein drittes Mal in das Amt zu wählen. Wie Sen. Claude Pepper 1947 bereits sagte:

> „We do not need to protect the American people with a prohibition against a president whom they do not wish to elect; and if they wanted to elect him, have we the right to deny them the power?" (Zimmermann, 2013 S.1).

Das Volk ist somit nicht mehr in der Lage, das höchste Amt mit einer gewünschten Person zu besetzen, von welcher sie denken, der Kandidat sei am geeignetsten. Bei einer Wahl kann schlussendlich immer noch für- oder gegen den Kandidaten gewählt werden – das Recht liegt hierbei jedoch bei den Bürger/innen (Zimmermann, 2013). Die Schlussfolgerung dieses Arguments ist, dass die eigentlichen *executive term limits* Wahlen sind, da vor allem in präsidentiellen Systemen der Präsident vom Volk direkt gewählt wird (Hulse, 2016).

Ein weiterer Gegner – Professor Briffault – charakterisiert *term limits* als *"the denial of democratic right to vote for the candidate of your choice" (Chan, 2008 S.1)*. Gegner von *term limits* sehen diese also eher als Gefahr von demokratischen Rechten, wie zum Beispiel der Entscheidungsfreiheit.

Executive term limits stellen vor allem in – noch nicht konsolidierten – Demokratien ein regulatorisches Instrument dar, welches die Bevölkerung vor Machtmissbrauch schützt. Vorhergehende Traditionen hin zu Autokratie und Übermacht der Exekutive sollen dadurch maximal eingeschränkt werden, wenn keine andere politische Kontrolle vorhanden ist, wie zum Beispiel das Parlament in parlamentarischen Demokratien die zentrale Funktion der Kontrolle übernimmt (Simons & Tull, 2015).

Andererseits gibt es in vielen afrikanischen Ländern Bestrebungen von Seiten des Staatsoberhauptes, diese – in der Verfassung verankerte – Regelung aufzuheben, um die eigene Macht größtmöglich auszuweiten. In manchen Ländern davon hat sich gezeigt, dass dies möglich ist (Simons & Tull, 2015). Als nachhaltiges Sicherheitsinstrument gegen Machtmissbrauch können *term limits* somit nur bezeichnet werden, wenn es keine Möglichkeit gibt, diese aufzuheben. Zwar muss die Aufhebung von *term limits* in Form von Volksabstimmungen und Referenden abgehalten werden, wodurch das Volk die endgültige Entscheidung trifft – dennoch widerspricht das Aufheben der *executive term limits* den Prinzipien der Herrschaft auf Zeit und führen zu einer

Übermacht der Exekutive, wodurch die demokratische Entwicklung deutlich eingeschränkt wird und ein Ungleichgewicht in der Gewaltenteilung entsteht.

Schlussendlich lässt sich zusammenfassen, dass die *executive term limits* eng im Zusammenhang mit Machtwechsel stehen und in erster Linie eingesetzt werden, um Machtwechsel herbeizuführen. In einem exekutiven Amt, wie zum Beispiel der Präsident in einem präsidentiellen System, fällt ein Großteil der Verantwortung und der Aufgaben auf eine Person, die eine große Entscheidungsgewalt mit sich trägt. Würde diese Entscheidungsgewalt nicht eingeschränkt werden, so könnte diese unendlich ausgenutzt werden – dies kann und wird nie zu Gunsten der Bürger/innen stattfinden. Um eine Demokratie somit von anderen Regierungstypen zu unterscheiden, ist die Frage der Herrschaftsform die Relevanteste. Die Macht der Exekutive muss somit begrenzt werden, um nicht einer Diktatur, einer Autokratie oder einer Monarchie zu gleichen.

Nachdem nun die Vor- und Nachteile von *executive term limits* erörtert wurden, soll sich nun der folgende Absatz auf *legislative term limits* beziehen.

Befürworter stellen oftmals das Problem zur Sprache, dass zu lange Amtszeiten in der Legislative, wie zum Beispiel im Kongress der Vereinigten Staaten, dazu führen, dass das durchschnittliche Alter sehr hoch ist und dadurch veraltete Strukturen in der Legislative herrschen. Durch ständige Rotation würde ein neuer Schwung in den Kongress kommen, da jüngere Abgeordnete andere Sichtweisen auf politische Entscheidungen haben.

„Term limits, it has been argued, will destroy seniority as the predominant source of power in the Congress (...)" (Karp, 1995 S.377).

Befürworter von *legislative term limits* sehen den Vorteil des steigenden Wettbewerbs, der auch in diesem „Markt" gestärkt werden sollte. Somit können immer wieder neue Politiker den Prozess aktiv mitgestalten, es werden keine Politikergenerationen ausgebremst und möglichst viele in den Entscheidungsprozess miteingebunden (Weigelt, 2011).

Auf der Gegnerseite wird das hohe Alter in der Legislative jedoch als Vorteil gesehen, da mit dieser Erfahrung und Weisheit einhergeht und langfristige, politische Projekte umgesetzt werden können, da sich Amtsinhaber, die das Projekt begonnen haben, verantwortlicher für die erfolgreiche Umsetzung fühlen, als neue Amtsinhaber, die nur indirekt an das Projekt gebunden sind.

Außerdem verändern *term limits* das politische Verhalten der Gouverneure. Anders als ursprünglich erahnt, kommt es zu höheren Staatsausgaben und Steuereinnahmen auf Staat-Ebene in den USA (Besley & Case, 1995 in Smart & Sturm, 2013).

Ein weiterer, wichtiger Punkt der Befürworter ist, dass *term limits* verhindern, dass Politiker ihr Amt als Karriere betrachten. Sie sollen lediglich repräsentativ für das Volk politische Entscheidungen treffen und nicht das Netzwerk nutzen, um ihre eigene politische Karriere voranzutreiben. Wenn sie jedoch nach einer gewissen Anzahl von Perioden austreten müssen, so bleibt das Prinzip der Repräsentativität erhalten (Smart & Sturm, 2013).

Ebenso wird argumentiert, dass Politiker anstatt ihrer Kampagnen für die Wiederwahl in der Zeit ihrer Amtsperiode ihren Fokus auf die tatsächliche Politik legen und somit mehr Zeit in politische Projekte investieren (Glazer & Wattenberg, 1996 in Carey et al., 1998).

Allerdings führen *legislative term limits* auch zu einer Absenkung der *electoral accountability* – der politischen Verantwortlichkeit gegenüber den Wählern – da sie wissen, dass es keine Wiederwahl nach dem Amt gibt und so müssen sie sich nicht dem Willen der Bevölkerung beugen (Smart & Sturm, 2013).

Durch die Begrenzung der Amtszeiten wird ebenso ein stärkerer Fokus auf kurzfristige Projekte gelegt, die während der Periode durchgesetzt werden können. Die ständige Rotation führt dazu, dass viel weniger Langzeitprojekte in Angriff genommen werden, da aufgrund der kurzen Amtszeiten kein Fokus auf die Zukunft gelegt wird. Einige politisch-relevante Themen, wie zum Beispiel Umwelt- und Sozialpolitik, sind jedoch Themenbereiche, die meist mehr Zeit in Anspruch nehmen, als die Perioden der Abgeordneten andauern. Es kommt somit durch den ständigen Austausch immer wieder zu Brüchen innerhalb eines Projekts und manche Projekte werden gar nicht weiterverfolgt, sondern geraten in Vergessenheit. Dabei haben meist diese eine besondere Relevanz für die Bevölkerung (Elhauge, 1997). Resultierend aus diesem Argument lässt sich die Unzufriedenheit und das Misstrauen der Bevölkerung erklären, da diese von einigen vernachlässigten Projekten profitieren würden und sich in ihren Interessen kaum vertreten fühlen. Längere Perioden könnten dieses Problem jedoch nach und nach beseitigen.

Legislative term limits erschweren Politikern die zukünftige Arbeitsuche, wodurch der Einfluss der potenziellen Arbeitgeber wächst. Es wird zwar immer behauptet, dass der Einfluss der Lobbyisten durch *term limits* abgeschwächt wird, da diese über lange Zeit Kontakte und Freundschaften zu Abgeordneten pflegen, wodurch sie einen Vorteil in den politischen Prozessen haben und durch die Begrenzung der Amtszeiten würden diese Vorteile entfallen; Allerdings stärkt sich ihr Einfluss durch die zukünftige Möglichkeit einer Einstellung für ehemalige Abgeordnete, wodurch diese eher geneigt sind, Lobbyisten einen Gefallen zu tun, um sich so weitere Kontakte aufzubauen. Alexander Hamilton sagte hierzu bereits:

> „When a man knows he must quit his station, let his merit be what it may, he will turn his attention chiefly to his own emolument" (Elhauge, 1997 S. 189).

Das Argument, dass Lobbyisten durch *term limits* weniger Einfluss auf die Politik haben, kann somit nicht bestätigt werden, da sich ihr Einfluss lediglich verlagert. Dennoch führen *legislative term limits* dazu, dass Abgeordnete ihre Periode eher dazu nutzen, sich um ihre eigene Zukunft zu kümmern, als politische Zukunftsprojekte in Angriff zu nehmen – besonders wenn die eigene Zukunft durch *legislative term limits* ungewiss erscheint – und so sind Abgeordnete in diesem Sinne keine Repräsentanten des Volkes, sondern vertreten sich selbst.

Ein sehr wichtiges Argument der Befürworter ist, dass durch *legislative term limits* ineffiziente Politiker das Amt nicht zu lange halten können. Das schützt die einzelnen Politikbereiche, aber vor allem die Bürger/innen (Erler, 2007).

Die Unterrepräsentation von Frauen ist ebenfalls ein Argument der Befürworter von *legislative term limits*. Dies gilt nicht nur für den Kongress, sondern auch für weitere legislative Institutionen in Bundesstaaten. Studien erwarten jedoch, dass durch die Einführung von *term limits* eine große Anzahl an freien Plätzen zur Verfügung stehen, welche von Frauen belegt werden können (Thompson & Moncrief, 1993). Es sind zudem die Frauen, die in den *term limits*-Debatten eher auf der Befürworter-Seite stehen, als Männer (Karp, 1995).

Zusammenfassend lässt sich sagen, dass sowohl auf der Pro- als auch auf der Kontra-Seite einige überzeugende Argumente stehen, die sich oft von der anderen Seite widerlegen lassen. In der Exekutive wird die Sorge der Übermacht einer einzelnen Person oder Regierung deutlich; Dies bezieht sich jedoch eher auf nicht-konsolidierte Demokratien, während in konsolidierten Demokratien die Machtfrage klar durch *executive term limits* festgelegt wird.

In der Legislative herrscht größere Uneinigkeit über die Wirksamkeit und Effizienz von *term limits,* da sie zwar einerseits neuen Schwung in die Politik bringen und Politiker davon abhalten, die Repräsentation des Volkes als Karriere zu betrachten, andererseits führt eine ständige Rotation auch dazu, dass langfristige und wichtige Projekte oft vernachlässigt werden und es an Erfahrung mangelt.

Im folgenden Kapitel soll nun ein Vergleich zwischen der Effizienz von *executive* und *legislative term limits* hergestellt werden, um herauszufinden, in welcher Gewaltenteilung ein reformpolitisches Instrument notwendiger ist. Anschließend sollen die bereits vorgestellten Länder anhand der *term limits* miteinander verglichen werden.

7 Vergleich

Abschließend beschäftigt sich diese Arbeit nun mit einem Vergleich. Einerseits der Vergleich von *executive* und *legislative term limits* und andererseits der Vergleich zwischen den vorgestellten Ländern. Ziel dieses Vergleichs ist es, herauszufinden, welche Form von *term limits* für welches Land effektiv ist, in welchen Ländern *term limits* eher eine kontraproduktive Wirkung haben und welche Dauer, beziehungsweise welche Größenordnung *von term limits* für die jeweiligen Länder angemessen ist.

Executive und *legislative term limits* unterscheiden sich aufgrund der Gewaltenteilung und der verschiedenen Ämter, die sich daraus ergeben. Unterschiedliche Ämter weisen unterschiedliche Aufgabenbereiche auf. So übernimmt der Präsident, beziehungsweise die Regierung in der Exekutive die Gesetzesausführung, während die Legislative die Gesetzgebung übernimmt. *Term limits* der Exekutive schränken daher die Möglichkeit einer Verschiebung der Machtverteilung ein, durch welche die Wirksamkeit der Machtkontrolle ernsthaft in Frage gestellt werden könnte. In präsidentiellen Systemen, wie zum Beispiel den Vereinigten Staaten, ist dies viel eher möglich, als in parlamentarischen Systemen, in welchen das Parlament stärker mit der Exekutive verbunden ist oder als in präsidentiellen Systemen, in welchen die Dominanz der Exekutive zum Vorschein kommt. Daher ist es in präsidentiellen Systemen umso wichtiger, die Macht der Regierung einzuschränken (Stammen, 2013).

Während in parlamentarischen Systemen eine enge Verflechtung zwischen Regierung und Parlament besteht, kann man hier von einer strengen Gewaltenintegration sprechen, wohingegen präsidentielle

Systeme hingegen als lockere Gewaltenkoordination bezeichnet werden (Stammen, 2013). Im ersten Fall ist es weniger notwendig, regulatorische Instrumente, wie *term limits* einzusetzen, da sich sowohl die Exekutive, als auch die Legislative gegenseitig kontrollieren. Im zweiten Fall sind sowohl Exekutive, als auch Legislative stärker voneinander getrennt, weshalb regulatorische Instrumente, wie *term limits,* eingesetzt werden sollten.

In der Exekutive wird meist nur der Präsident auf zwei Perioden beschränkt, wobei die Länge der Perioden zwischen den einzelnen Ländern variiert. Wenn in der Legislative Amtszeitbeschränkungen gelten, werden diese für alle Abgeordnete und Senatoren eingeführt, wie es am Beispiel Mexiko deutlich wird.

In den Vereinigten Staaten sind *legislative term limits* weniger ausgeglichen, da diese derzeit nur auf Staaten-Ebene erfolgen und sich nicht alle Bundesstaaten dafür entschieden haben. 15 Staaten – darunter zum Beispiel Kalifornien, Arkansas und Montana – haben Amtszeitbeschränkungen auf unterschiedliche Ämter (Nationale Konferenz der Staatsgesetzgebung, 2013). Aber auch zwischen den einzelnen Staaten bestehen Unterschiede der Ausprägungen von Amtszeitbeschränkungen.

Die *term limits* variieren somit von Bundessstaat zu Bundesstaat.

> „(...) in California and Oregon, there is a six-year lifetime limit for service in the lower cham ber. In contrast, Louisiana and Utah set a limit of 12 consecutive years per chamber (...) these variations may affect potential candidates' decisions to seek office. As a result, different term limitations will likely have different institutional and electoral effects (Malbin & Benjamin, 1992 in Moncrief & Thompson, 2001 S. 396).

In Mexiko sind *legislative term limits* auf Bundesebene vorhanden. Daher kann hier von deutlich mehr Ausgewogenheit gesprochen werden, als in den verschiedenen Bundesstaaten der Vereinigten Staaten. Allerdings muss hierbei unterschieden werden, in wie fern sich *legislative term limits* in beiden Fällen entwickeln. Während in den USA der Einfluss von den Lobbyisten verstärkt zunimmt, richtet sich der Einfluss in Mexiko eher in Richtung der großen Parteien – PRI und PAN (Braig 2008, Elhauge, 1997). Mexikanische Politiker neigen eher dazu, den Interessen der Partei zu folgen, um nach Ihrem Amt eine potenzielle Arbeitsstelle in einem anderen Bereich durch die Partei zu erhalten (VanDusky-Allen, 2014). Die Arbeit der Abgeordneten wird somit nicht im Sinne der Bevölkerung, sondern mehr im eigenen Sinne erledigt. Ähnlich ist es auf legislativer Ebene in den Vereinigten Staaten. Eine Annahme der amerikanischen Gegner von *term limits* ist, wie bereits erwähnt, dass die Einführung auf Bundesebene dazu führt, dass Politiker verstärkt ihre Zukunft nach dem Amt planen – so wie es derzeit in Mexiko ist – als sich mit politischen Entscheidungen auseinanderzusetzen (Erler, 2007).

Ebenso kann in beiden Fällen von einer niedrigen *electoral accountability* gesprochen werden, da Politiker aufgrund der Unmöglichkeit einer Wiederwahl keine hohen Beliebtheitswerte bei der Bevölkerung erreichen müssen und ihnen somit auch keine Rechenschaft schuldig sind (Smart & Sturm, 2013). Aus diesem Grund wird mehr Zeit in Interessengruppen oder Parteien gelegt, die leichter zufriedenzustellen sind, da sie als Einheit auftreten und ganz bestimmte und festgelegte Interessen und Wünsche vertreten. Die Bevölkerung hingegen entspricht der Masse und daher auch einer großen Bandbreite an Forderungen (Smart & Sturm, 2013).

In beiden Fällen gibt es Veränderungen in den *legislative term limits*. Während Mexiko die Amtszeitbeschränkung für die Legislative etwas auflockert und mehr Spielraum für längere Amtszeiten lässt, gibt es in den USA seit 1990 ständig Veränderungen, Ausweitungen und Abstimmungen auf Staaten-Ebene (Agren, 2014, Nationale Konferenz der Staatsgesetzgebung, 2013).

Neben den Vereinigten Staaten und Mexiko gibt es noch weitere Staaten, die *legislative term limits* eingeführt haben. Darunter fallen Costa Rica, Ecuador und die Philippinen. Während Mexiko und Costa Rica schon seit einigen Jahrzenten *legislative term limits* eingeführt haben, setzten die Philippinen mit den *term limits* im Jahr 1995 ein und in Ecuador gibt es *term limits* auf legislativer Ebene seit 1978 (Carey, n.d.).

Insgesamt hat Mexiko lange Erfahrung mit *legislative term limits* gesammelt und ist nun dabei, diese etwas zu reformieren, um strukturelle Probleme, wie zum Beispiel dem Mangel an Erfahrung, zu lösen. Die Vereinigten Staaten sind hingegen nun dabei, abzuwägen, ob die Erfahrung auf Staat-Ebene auch Erfolg auf Bundesebene haben könnte. Es gleicht somit eher einem langsamen Herantasten, um keine übereiligen Entscheidungen zu treffen, die nicht vorhersehbare Konsequenzen mit sich bringen könnten.

Vergleicht man die *term limits* des Präsidenten der USA mit den *term limits* des russländischen Präsidenten, so fällt auf, dass die USA eine viel strengere Form von Amtszeitbeschränkungen verfolgt. Der derzeit amtierende russländische Präsident Wladimir Putin und der Premierminister Dmitrij Medwedew führen die Politik als Tandem und wechseln sich gegenseitig ab. Der Präsident kann somit zwei Perioden im Amt bleiben, muss für eine Periode aussetzen und kann dann erneut kandidieren (Schröder, 2012). In den USA ist dies viel strenger geregelt. Präsidenten dürfen sich maximal zwei Mal zum Kandidaten aufstellen lassen und maximal zwei Perioden im Amt bleiben. Eine Wiederwahl ist danach nicht mehr möglich (Zimmermann, 2013). In Russland bleibt die Macht immer zwischen Putin und Medwedew bestehen und liegt im eigentlichen Sinne nicht mehr bei der Bevölkerung, da viele Strukturen der Politik ohne Putin wahrscheinlich gar nicht funktionieren würden, die er über seine lange Amtszeit aufgebaut hat. Daher genießt Putin auch hohe Beliebtheitswerte, die es ihm immer wieder ermöglichen bei den Wahlen zu gewinnen (Schröder, 2012).

In den Vereinigten Staaten kann es gar nicht soweit kommen. Sicherlich gäbe es Präsidenten, die laut der Beliebtheitswerte noch eine dritte Kandidatur gewinnen würden – dies wird ihnen jedoch durch *executive term limits* erst gar nicht ermöglicht. Der Grund dafür ist, dass bewusst nicht zu viel Macht auf ein Amt, beziehungsweise auf eine Person zentriert werden soll, damit die Gewaltenteilung effizient bleibt. In afrikanischen Staaten gibt es allerdings immer wieder Bestrebungen, diese Machteinschränkung aufzuheben. So versuchen einige Präsidenten schon seit den 1990er Jahren mittels Verfassungsänderungen *executive term limits* aufzuheben (Simons & Tull, 2015).

In den Vereinigten Staaten ist dies derzeit unvorstellbar. Der amtierende Präsident Donald Trump ist zwar für eine neue Regelung von *term limits,* diese beziehen sich jedoch auf den Kongress und nicht auf sein eigenes Amt.

> „We're going to put on term limits, which a lot of people aren't happy about, but we're putting on term limits (...) We're doing a lot of things to clean up the system" (Hulse, 2016 S.1)

Dieser Unterschied in der Haltung gegenüber der Machteinschränkung des Präsidenten zeigt sich wieder in der Art, in welchem Entwicklungsprozess sich die jeweilige Demokratie befindet. Deutlich wird hier, dass die Vereinigten Staaten weiterentwickelter sind und daher eine differenziertere Meinung auf *executive term limits* haben und die Wichtigkeit der effektiven Gewaltenteilung und des Machtausgleichs verstehen. In den afrikanischen Staaten spielt Machtzentrierung immer noch eine große Rolle, vor allem, weil deren Geschichte lange Zeit von Autokratie und Dominanz geprägt wurde. Die Bevölkerung erinnert sich hingegen nur ungern an die Zeit zurück und plädiert daher dafür, dass *executive term limits* aufrechterhalten bleiben, um nicht in alte Strukturen zurückzufallen (Posner & Young, 2007 in Heyl & Maihack, 2011).

Das Verfolgen von Eigeninteressen ist jedoch in allen Ländern ein Problem – ob konsolidierte oder nicht konsolidierte Demokratie – unabhängig davon, auf welches Amt man sich bezieht. Sowohl Abgeordnete, die sich stark an einflussreichen Interessengruppen und Parteien orientieren, die potenzielle Zukunftschancen-, beziehungsweise Orientierungen mit sich bringen, als auch die Exekutive, welche zum Eigennutz nach mehr Macht strebt, sind in ihrem Handeln geprägt von Eigeninteresse und sorgen sich daher nicht in erster Linie um die Wünsche der Bürger/innen.

Abschließend folgt nun eine Diskussion - beziehungsweise ein Fazit - in welcher die ursprüngliche Fragestellung beantwortet werden soll.

8 Diskussion

Term limits wurden geschaffen, um die Macht zwischen den Gewaltenteilungen aufrechtzuerhalten, damit keine Übermacht auf Seiten der Exekutive entsteht.

> „(..) hierin liegt auch das Kerndilemma: Der Grund für die Notwendigkeit von Amtszeitbeschränkungen – ein übermächtiger Präsident bei schwachen Institutionen – ist gleichzeitig der Grund für die beschränkte Wirkungskraft der Norm" (Simons & Tull, 2015 S. 11).

Daher haben *term limits* Auswirkungen auf Machtwechsel: Amtszeitbeschränkungen hindern Präsidenten daran, sich erneut zur Kandidatur aufstellen zu lassen. Zwar ist eine Aufstellung der Kandidatur kein Garant für ein erneutes Amt, aber durch konstitutionelle Hürden ist der Amtsinhaber zu einer Verfassungsänderung verpflichtet, sollte er *term limits* aufheben wollen (Hartmann, 2006).

In konsolidierten Demokratien ist dies kaum möglich. Hier gibt es einen engen Zusammenhang zwischen strengen *executive term limits,* Demokratiequalität und Machtwechsel (Hartmann, 2006). In Staaten, in welchen es kaum möglich ist, die Verfassung dahingehend zu verändern, dass *term limits* aufgehoben werden könnten, geht immer ein Machtwechsel einher, wodurch demokratische Qualitäten gestärkt werden. Ein Beispiel dafür sind die Vereinigten Staaten, welche durch eine besonders strenge Verfolgung und Einhaltung von *term limits* gekennzeichnet sind. Daher sind *term limits* in der Exekutive eine nachhaltige und erfolgreiche Strategie, um die Bevölkerung vor Machtmissbrauch zu schützen. Die Möglichkeit einer Verfassungsänderung in Form von Volksabstimmungen muss von der Bevölkerung bestätigt, beziehungsweise legitimiert werden. Daher trifft sie die endgültige Entscheidung.

Der eigentliche Sinn der Gewaltenteilung liegt in dem Argument über politische Macht. Wenn die Macht auf eine Person oder Regierung konzentriert wird, gilt diese anthropologisch als „gefährlich und böse", da so Machtinhaber, wie zum Beispiel Präsidenten, leicht dazu geleitet werden könnten, diese Macht zum eigenen Zweck zu missbrauchen (Stammen, 2013).

Term limits erleichtern Machtwechsel – sowohl in der Legislative, als auch in der Exekutive – allerdings können sie auch zu unvorhersehbaren Konsequenzen führen (Mondak, 1995). So könnte es vor allem in der Legislative dazu kommen, dass durch den ständigen Austausch von Parlamentariern ein Mangel an Erfahrung einhergeht, wichtige Projekte vernachlässigt werden und die Ziele der Parlamentarier verlagert werden. Dies schädigt die institutionelle Qualität der Legislative (Elhauge, 1997).

Jeffery J. Mondak stellt vier politische Auswirkungen auf, die durch *legislative term limits* entstehen könnten, worunter unter anderem auch die Möglichkeit aufgelistet wird, dass *term limits* institutionellen Qualitäten Schaden zufügen könnten, wenn das *seniority-system* abgebaut wird, welches den Erfahrungsvorteil mit sich bringt. Im gleichen Zug sieht er aber auch die Vorteile, die entstehen könnten, wenn neue und bessere Kandidaten eine Steigerung der institutionellen Qualitäten mit sich bringen (Mondak, 1995).

9 Fazit

Die Debatte um *term limits* wird auch in Zukunft noch häufig thematisiert, da sich sicher einige Länder dazu bereit erklären werden, ihre *term limits* entweder aufzulockern, wie es am Beispiel Mexikos gezeigt wurde, oder auszuweiten, wie es die Vereinigten Staaten auf Bundesebene angedacht haben. Auch in afrikanischen Staaten wird es nach wie vor weiterhin Bestrebungen von Seiten der Präsidenten geben, ihre Amtszeit zu erweitern, um mehr Macht zu erlangen (Hartmann, 2006). Gerade in diesen – nicht konsolidierten – Demokratien sind regulatorische Instrumente, wie *term limits* ein hilfreiches, wenn nicht sogar notwendiges Mittel, um freie und faire Wahlen, einen fairen Wettbewerb und einen sich weiterentwickelnden Demokratisierungsprozess zu ermöglichen (Hartmann, 2006).

Amtszeitbeschränkungen sind in präsidentiellen Systemen relevant, in parlamentarischen Systemen jedoch weniger relevant, da diese kein regulatorisches Instrument zur Machtkontrolle benötigen, solange das Parlament als Kontrollorgan fungiert (Hartmann, 2006).

Andererseits müssen *term limits* weiterhin kritisch hinterfragt werden, vor allem im gegenwärtigen Zustand Zentralamerikas, wie zum Beispiel in Mexiko, in welchem ein absolutes Wiederwahlverbot möglicherweise eine Hinderung der Demokratieentwicklung mit sich bringt (Hartmann, 2006). Daher zeigt sich eine positive Entwicklung, dass Mexiko bereit ist, diese in der Legislative zu verlängern. Ebenso sollten die Vereinigten Staaten in den Diskussionen um *legislative term limits* auf Bundesebene die Vor- und Nachteile abwägen, da auch hier mit unvorhersehbaren Konsequenzen zu rechnen sein muss. Dies zeigt sich bereits auf Staaten-Ebene, da durch die Einführung von *term limits* andere strukturelle Probleme entstehen. Auch in Russland sollte ein Weg gefunden werden, die Macht von Putin und Medwedew und die Abhängigkeit Russlands von beiden Einzelpersonen zu verringern, um mehr Freiheit zu gewährleisten und einen Wettbewerb herzustellen, an welchem auch andere potenzielle Amtsinhaber teilhaben können.

Parlamentarische Demokratien hingegen können in den Debatten um *term limits* vorerst weniger fokussiert werden, da hier keine akute Veränderungsnotwendigkeit besteht.

Alles in allem kann bei *term limits* jedoch von einem politischen Instrument gesprochen werden, welches Stabilität innerhalb der Gewaltenteilung mit sich bringt und in der Exekutive als reformpolitisches Instrument nicht wegzudenken ist, um Machtausgleich herzustellen.

Wie geschichtliche Erlebnisse die Welt prägten – Diktatoren, die die Macht an sich genommen haben um Weltherrschaft zu erreichen – so ist eine effektive Gewaltenteilung und Machtausgleich ein notwendiges Ziel der modernen Demokratien in einer globalisierten Welt. Wünschenswert ist ein Demokratisierungsprozess, der sich in Zukunft weiterhin in diese Richtung entwickelt.

10 Literaturverzeichnis

Agren, D. (2014). *Mexico ends decades-long ban on re-election*. USA Today. Verfügbar unter: https://www.usatoday.com/story/news/world/2014/01/31/mexico-election-reform/5086989/. Zuletzt aufgerufen am: 17.04.2017

Benavides, A.D et al. (2013). Public Service and Good Governance vs. Corruption and Self-Promotion: MPA Programs in Mexico. *Journal of Public Affairs Education, 19(4)*, S. 615-634. Verfügbar unter: file:///C:/Users/PaulasPc/Documents/Bachelorarbeit/Public%20Service%20and%20Good%20Governance%20vs.%20Corruption%20and%20Self-Promotion%20MPA%20Programs%20in.pdf. Zuletzt aufgerufen am: 17.04.2017

Braig, M. (2008). *Politische Geschichte Mexikos: Das Ende der sanften Transition*. Bundeszentrale für politische Bildung. Verfügbar unter: http://www.bpb.de/internationales/amerika/lateinamerika/44799/geschichte?p=0. Zuletzt aufgerufen am: 17.04.2017

Carey, J.M et al. (1998). The Effects of Term Limits on State Legislatures. *Legislative Studies Quarterly, 23(2)*, S. 271-300. Verfügbar unter: file:///C:/Users/PaulasPc/Documents/Bachelorarbeit/The%20Effects%20of%20Term%20Limits%20on%20State%20Legislatures.pdf. Zuletzt aufgerufen am: 17.04.2017

Carey, J.M. (n.d.). Term limits and comparative politics. *Cambridge University Press*, S. 1-11. Verfügbar unter: file:///C:/Users/PaulasPc/Documents/Bachelorarbeit/term%20limits%20and%20comparative%20politics.pdf. Zuletzt aufgerufen am: 17.04.2017

Chan, S. (2008). Debating the Pros and Cons of Term Limits. *The New York Times*. Verfügbar unter: https://cityroom.blogs.nytimes.com/2008/10/15/debating-the-pros-and-cons-of-term-limits/comment-page-1/?_r=0. Zuletzt aufgerufen am: 17.04.2017

Classroom, A. (n.d.). *Amendment XXII: Two-Term Limit on Presidency*. National Constitution Center. Verfügbar unter: https://constitutioncenter.org/interactive-constitution/amendments/amendment-xxii. Zuletzt aufgerufen am: 17.04.2017

Efler, M. (2010). Begrenzung von Amtszeiten? *Mehr Demokratie*, S. 1-5. Verfübar unter: file:///C:/Users/PaulasPc/Documents/Bachelorarbeit/Themen18_Amtszeitbegrenzung.pdf. Zuletzt aufgerufen am: 17.04.2017

Elhauge, E. (1997). Are Term Limits Undemocratic? *The University of Chicago Law Review 64(1)*, S. 83-201. Von The University of Chicago Law Review. Verfügbar unter: file:///C:/Users/PaulasPc/Documents/Bachelorarbeit/Are%20Term%20Limits%20Undemocratic.pdf. Zuletzt aufgerufen am: 17.04.2017

Erler, H. (2007). Legislative Term Limits and State Spending. *Public Choice, 133(3/4)*, S. 479-494. Verfügbar unter: file:///C:/Users/PaulasPc/Documents/Bachelorarbeit/Legislative%20Term%20Limits%20and%20State%20Spending.pdf. Zuletzt aufgerufen am: 18.04.2017

Greenberg, D. (n.d.). Term limits will Improve Congress. Verfügbar unter: http://matthewdebolt.weebly.com/term-limits-are-beneficial.html. Zuletzt aufgerufen am: 18.04.2017

Grofman, B. (1996). Introduction to the term limits debate: Hypotheses in search of data. in Bernhard Grofman. *Legislative Term limits: Public Choice Perspectives*. Boston/ Dordrecht/ London: Kluwer Academic Publishers

Hartmann, C. (2006). Amtszeitbeschränkung, Machtwechsel und Demokratisierung in vergleichender Perspektive. In Gert Pickel & Susanne Pickel. *Demokratisierung im internationalen Vergleich: Neue Erkenntnisse und Perspektiven*, S. 237-250. Wiesbaden: VS Verlag für Sozialwissenschaften.

Herron, M.C., Shotts, K.W. (2006). Term Limits and Pork. *Legislative Studies Quarterly, 31(3)*, S. 383-403. Verfügbar unter: file:///C:/Users/PaulasPc/Documents/Bachelorarbeit/Term%20Limits%20and%20Pork.pdf. Zuletzt aufgerufen am: 18.04.2017

Heyl, C. Maihack, H. (2011). Mosambik: Mehr Zeit für den Präsidenten? . *German Institute of Global and Area Studies, 12*, S. 1-7. Verfügbar unter: file:///C:/Users/PaulasPc/Documents/Bachelorarbeit/gf_afrika_1112.pdf. Zuletzt aufgerufen am: 18.04.2017

Hulse, C. (2016). As Trump Embraces Term Limits, Allies in Congress Pull Away. *The New York Times*. Verfügbar unter: https://www.nytimes.com/2016/11/17/us/politics/as-trump-embraces-term-limits-allies-in-congress-pull-a-way.html. Zuletzt aufgerufen am: 18.04.2017

Karp, J.A. (1995). Explaining Public Support for Legislative Term Limits. *The Public Opinion Quarterly 59(3)* , S. 373-391. Verfügbar unter: file:///C:/Users/PaulasPc/Documents/Bachelorarbeit/Explaining%20Public%20Support%20for%20Legislative%20Term%20Limits.pdf. Zuletzt aufgerufen am: 18.04.2017

López, E.J. (2003). Term Limits: Causes and Consequences. *Public Choice, 114(1/2)*, S. 1-56. Verfügbar unter: file:///C:/Users/PaulasPc/Documents/Bachelorarbeit/Term%20Limits%20Causes%20and%20Consequences.pdf. Zuletzt aufgerufen am: 18.04.2017

López, E.J., Jewell, R.T. (2007). Strategic Institutional Choice: Voters, States, and Congressional Term limits. *Public Choice, 132(1/2)*, S. 137-157. Verfügbar unter: file:///C:/Users/PaulasPc/Documents/Bachelorarbeit/Strategic%20Institutional%20Choice%20Voters,%20States,%20and%20Congressional%20Term%20Limits.pdf. Zuletzt aufgerufen am: 18.04.2017

Moncrief, G. Thompson, J.A. (2001). On the outside Looking in: Lobbyists' Perspectives on the Effects of State Legislative Term Limits. *State Politics & Policy Quarterly, 1(4)*, S. 394-411. Verfügbar unter: file:///C:/Users/PaulasPc/Documents/Bachelorarbeit/On%20the%20outside%20Looking%20in%20Lobbyists'%20Perspectives%20on%20the%20Effects%20of%20State%20Legislative%20Term%20Limits.pdf. Zuletzt aufgerufen am: 18.04.2017

Mondak, J.J. (1995). Focusing the Term Limits Debate. *Political Research Quarterly 48(4)*, S. 741-750. Verfügbar unter: file:///C:/Users/PaulasPc/Documents/Bachelorarbeit/Focusing%20the%20Term%20Limits%20Debate.pdf. Zuletzt aufgerufen am: 18.04.2017

n.d. (2013). *State Term Limits*. US Term Limits. Verfügbar unter: https://www.termlimits.com/term-limits/state-term-limits/. Zuletzt aufgerufen am: 18.04.2017 n.d. (2016). Merkel kandidiert für vierte Amtszeit. *Spiegel Online.* Verfügbar unter: http://www.spiegel.de/politik/deutschland/angela-merkel-kanzlerin-kandidiert-fuer-vierte-amtszeit-a-1122201.html. Zuletzt aufgerufen am: 18.04.2017

n.d. (n.d.). *Demokratie.* Wissen Digital. Verfügbar unter: http://www.wissen-digital.de/Demokratie. Zuletzt aufgerufen am: 18.04.2017

Neale, S. (1993). Term Limits. *Philosophical Perspectives, Vol. 7, Language and Logic*, S. 89-123. Verfügbar unter: file:///C:/Users/PaulasPc/Documents/Bachelorarbeit/Term%20Limits.pdf. Zuletzt aufgerufen am: 18.04.2017

Neale, S. (2008). Term Limits Revisited. Philosophical Perspectives, Vol. 22, Philosophy of Language, S. 375-442. Verfügbar unter: file:///C:/Users/PaulasPc/Documents/Bachelorarbeit/Term%20Limits%20Revisited%20Author(s)%20Stephen%20Neale.pdf. Zuletzt aufgerufen am: 18.04.2017

Prof. Dr. Schröder, H. (2012). *Russland unter den Präsidenten Putin und Medwedew: 1999-2012.* Bundeszentrale für politische Bildung. Verfügbar unter: http://www.bpb.de/internationales/europa/russland/47926/russland-unter-den-praesidenten-putin-und-medwedew-1999-2012?p=all. Zuletzt aufgerufen am: 18.04.2017

Rahr, A. (2008). Putin und Medwedew: Wer regiert? *Internationale Politik 2*, 19-25. Verfügbar unter: https://zeitschrift-ip.dgap.org/de/ip-die-zeitschrift/archiv/jahrgang-2008/februar/putin-und-medwedew-wer-regiert. Zuletzt aufgerufen am: 18.04.2017

Schmädeke, P.C. (2012). Politische Regimewechsel: Grundlagen der Transitionsforschung. Tübingen und Basel: A. Francke Verlag

Schmidt, S. (1994). Demokratisierung in Afrika: Fragestellungen, Ansätze und Analysen. In Wolfgang Merkel. *Systemwechsel 1: Theorien, Ansätze und Konzeptionen*, S. 229-270. Opladen: Leske + Budrich.

Schneider, G. (2017). *Misstrauensvotum*. Bundeszentrale für politische Bildung. Verfügbar unter: http://www.bpb.de/nachschlagen/lexika/das-junge-politik-lexikon/161421/misstrauensvotum. Zuletzt aufgerufen am: 18.04.2017

Schneider, C. (2017). "Macht korrumpiert": Warum wir dringend eine Beschränkung der Amtszeit brauchen. *The Huffington Post*. Verfügbar unter: http://www.huffingtonpost.de/clemens-schneider/demokratie-deutschland-direktwahl-amtszeit-beschraenkung_b_14673074.html. Zuletzt aufgerufen am: 18.04.2017

Simons, C. T. (2015). Grenzen der Macht?: Amtszeitbeschränkungen in Afrika. *Stiftung Wissenschaft und Politik*, S. 1-29. Verfügbar unter: file:///C:/Users/PaulasPc/Documents/Bachelorarbeit/Grenzen%20der%20Macht%20Afrika.pdf. Zuletzt aufgerufen am: 18.04.2017

Smart, M. S. (2013). Term limits and electoral accountability. *Journal of Public Economics, 107*, S. 93-102. Verfügbar unter: file:///C:/Users/PaulasPc/Documents/Bachelorarbeit/term%20limits%20and%20electoral%20accountibility.pdf. Zuletzt aufgerufen am: 18.04.2017

Stammen, T. (2013). *Gewaltenteilung*. Bundeszentrale für politische Bildung. Verfügbar unter: http://www.bpb.de/nachschlagen/lexika/handwoerterbuch-politisches-system/202033/gewaltenteilung?p=0. Zuletzt aufgerufen am: 18.04.2017

Strebel, M. (2014). Amtseinsetzung und Amtsbeendigung: Das Prozedere der Amtseinsetzung und Amtsbeendigung der deutschen und der schweizerischen Exekutive im Vergleich. *Regierungsforschung.de*. Verfügbar unter: http://regierungsforschung.de/wp-content/uploads/2014/10/151014regierungsforschung.de_strebel_Amtseinsetzung_und-beendigung_brd_schweiz.pdf. Zuletzt aufgerufen am: 18.04.2017

VanDusky-Allen, J. (2014). *Mexico may reform term limit rules this year.* The Quantitative Peace. Verfügbar unter: http://quantitativepeace.com/blog/2014/01/mexico-is-considering-ending-term-limits.html. Zuletzt aufgerufen am: 18.04.2017

Weigelt, P. (2011). *Amtszeitbeschränkung als Reaktion auf Sesselkleber?* Wahljahr 2011. Verfügbar unter: http://www.mediapolis.ch/de/docs/PWAmtszeitbeschraenkung.pdf. Zuletzt aufgerufen am: 18.04.2017

Zimmermann, J. (2013). End presidential term limits. *The Washington Post.* Verfügbar unter: https://www.washingtonpost.com/opinions/end-presidential-term-limits/2013/11/28/50876456-561e-11e3-ba82-16ed03681809_story.html?utm_term=.536e95e3e62e. Zuletzt aufgerufen am: 18.04.2017

Zürn, P. (1965). MEXIKO 50 JAHRE „INSTITUTIONALISIERTER REVOLUTION". *Zeitschrift für Politik, 12(3),* S. 266-285. Verfügbar unter: file:///C:/Users/PaulasPc/Documents/Bachelorarbeit/mexiko.pdf. Zuletzt aufgerufen am: 18.04.2017